YOUR KNOWLEDGE HAS VALUE

Vittorio Pastelli

"Ciência em ação" de Bruno Latour. Um texto de acompanhamento de leitura e sugestões de monografias

GRIN Publishing

Imprint:

Copyright © 2000 GRIN Verlag GmbH
Print and binding: Books on Demand GmbH, Norderstedt Germany
ISBN: 978-3-656-96113-0

This book at GRIN:

http://www.grin.com/en/e-book/299540/ciencia-em-acao-de-bruno-latour-um-texto-de-acompanhamento-de-leitura

GRIN - Your knowledge has value

Since its foundation in 1998, GRIN has specialized in publishing academic texts by students, college teachers and other academics as e-book and printed book. The website www.grin.com is an ideal platform for presenting term papers, final papers, scientific essays, dissertations and specialist books.

Visit us on the internet:

http://www.grin.com/

http://www.facebook.com/grincom

http://www.twitter.com/grin_com

BRUNO LATOUR - CIÊNCIA EM AÇÃO

um texto de acompanhamento de leitura e sugestões de monografias

Vittorio Pastelli

Edição utilizada:

Ciência em ação — como seguir cientistas e engenheiros sociedade afora

Tradução de Ivone C. Benedetti

Editora Unesp, São Paulo, 2000

Palavras-chaves: *Latour, T.S. Kuhn, Paul Feyerabend, sociologia da ciência, filosofia da ciência, ciência, tecnologia, experimento, translações, regras metodológicas, sociologia, laboratórios*

Introdução: Abrindo a caixa preta de Pandora

Usando uma espécie de dinâmica cinematográfica, Latour analisa três momentos na história recente da ciência e da tecnologia:

1985: John Whittaker, no Instituto Pasteur, em Paris, analisa sequências de DNA e, com os dados, monta imagens tridimensionais da dupla hélice, com um computador Eclipse MV/8000.

1951: James Watson e Francis Crick procuram qual seria a estrutura da molécula de DNA, tentando várias hipóteses.

1980: Tom West, na empresa Data General, nos EUA, tenta pôr para funcionar um protótipo da máquina que viria a ser o Eclipse MV/8000.

Os exemplos são, bem de acordo com o subtítulo do livro, tirados tanto de contextos científicos como de tecnológicos. A distinção ciência/tecnologia ou ciência pura/ciência aplicada não interessa ao autor. Ele encontrará em todas essas atividades, doravante chamadas *tecnocientíficas*, similaridades que impedem qualquer distinção clara e útil.

O que mais importa é o conceito de *caixa preta*. Em 1985, tanto o caráter de dupla hélice do DNA como o funcionamento do Eclipse são caixas pretas. Ou seja, cabe seguir adiante e não reabrir tais caixas e examinar seu conteúdo. Em 1951, a estrutura do DNA era uma caixa aberta, que só o trabalho de Watson e Crick (evidentemente, depois de a comunidade científica estar devidamente convencida) viria a fechar. O mesmo vale para o trabalho de Tom West, em 1980.

É nessa introdução que Latour também apresenta a dupla face de Jano, o Jano científico. A face direita representa a ciência em construção e a esquerda, a ciência pronta. A face esquerda sempre dirá, sobre as atividades tecnocientíficas, sentenças que apelam para noções de "verdade", "realidade", "princípios", "rigor" etc. A face direita, que representa a ciência em construção, sempre falará de "convencimento", "decisão", "estratégia" etc. É que o apelo à verdade ou à realidade só pode ser feito, para Latour, depois que a realidade foi estabelecida e, portanto, falar dela passa a ser falar a verdade. Mas, antes disso, ou o mundo não existe (uma posição filosófica demais para o autor, que sempre evita o lamaçal dessas discussões) ou não temos meios de conhecê-lo e, assim, devemos tomar decisões no escuro. Depois de tomada a decisão (e, especialmente, se a decisão foi frutífera), diremos que tomamos o caminho da verdade. Mas isso, enfatizemos, é sempre dito a posteriori.

[Textos em azul são sugestões para discussão entre os alunos, diferente dos textos em preto, que têm caráter apenas informativo.]

"Quem é esse Jano?" é uma questiúncula interessante. É o cientista, o tecnólogo ou o estudioso da ciência? Dificilmente seria o tecnólogo, pouco preocupado com esse tipo de coisa. Latour afirma que é "a ciência". OK. Pois, embora estude C&T, reconhece que os tecnólogos não fazem esse discurso e que nem todo estudioso de ciência o segue. Assim, esse "a ciência" seria melhor entendido "os cientistas".

A noção de caixa preta é importante para diferenciar contexto e conteúdo. Em 1985, tanto a estrutura do DNA como o desempenho e confiabilidade do Eclipse são parte do contexto. O conteúdo mesmo da pesquisa não passa por ali, da mesma forma que, na seção de materiais e métodos de um *paper* sobre clonagem, o cientista não analisará a estrutura do DNA, discutirá que proteínas são feitas a partir de aminoácidos etc. Isso já é parte do contexto ou seja, saiu do foco de atenção e foi para o cenário, cedendo lugar para que outras questões desempenhem o papel principal. Mas, em algum outro ponto da história, essas peças de contexto não eram ainda caixas pretas. estudar como essas caixas se fecham, como são usadas quando fechadas e como podem ser eventualmente reabertas é o propósito do livro.

Latour nota que tanto West como Watson e Crick, no momento da descoberta (no momento em que a caixa preta está aberta) referem-se a seu objeto de estudo e às decisões que têm de tomar para seguir adiante em termos que pouco têm a ver com o discurso da ciência fechada (da história da ciência que é reescrita quando a caixa preta está fechada):

West: *organograma, gosto, protocolar, burocrático, minimizar riscos.* São as expressões que usa quando analisa um chip fabricado por um concorrente (p. 18).

Watson e Crick: *suspense, tom, jogada, prazo de publicação.* São o que eles dizem quando julgam um paper de Linus Pauling, que descreve erradamente a estrutura do DNA (p. 20).

Nessa altura, a tese de Latour é bem forte: não existe "a coisa" e "o julgamento sobre a coisa". Se existisse (o que é a tese mais senso comum sobre a atividade científica), então diríamos que West faz uma análise técnica e, depois, faz algumas considerações sobre a empresa que criou o chip concorrente. Mas o fato é que, no momento de decisão, o julgamento tem de ser feito *on the fly*, sem que "a coisa" seja bem conhecida. Portanto, segue a tese de Latour: separar esse discurso em dois é um *parti-pris* ideológico sem muita sustentação. Se, ao contrário, consoante com o método antropológico do autor, parte-se da observação pura e simples do discurso dos envolvidos, fica inevitável ver um discurso só, que é entendido por todos os atores, que não param para separá-lo em partes. Essa separação é uma ferramenta de estudo usada por quem toma um partido realista e cumulativo da ciência e não algo que esteja *na* atividade do cientista.

Watson teve de tomar uma decisão baseada numa dica de um colega de trabalho, que ia de encontro a tudo o que estava escrito nos livros de química de até então. Como se decidiu? Analisando o currículo, dados pessoais, avaliando a psicologia leiga do colega. Isso é método? Só numa acepção muito ampla da palavra (p. 23).

Esse exemplo ilustra a

Primeira máxima de Jano:

face esquerda: "Aceite os fatos sem discutir".

face direita: "Descarte os fatos inúteis".

West precisava decidir, quando todos o pressionavam, se devia seguir em frente às cegas ou construir um *debugger* para o Eclipse. O que seria mais eficiente?

Isso leva à

Segunda máxima de Jano:

face esquerda: "Fique sempre com a máquina mais eficiente".

face direita: "Decida o que é eficiência".

West precisa terminar de debugar seu chip. Até que isso aconteça, a máquina, por definição, não funciona. Depois que isso acontece (ou, pelo menos, depois que, na prática, ela passa por alguns testes considerados cruciais pelos envolvidos), ela começa a funcionar. Mas, diz o autor (p. 27): "Nenhuma das razões pelas quais ela funcionará depois de acabada ajuda os engenheiros enquanto eles a estão construindo".

Isso exemplifica a

Terceira máxima de Jano:

face esquerda: "Quando a máquina funcionar, todos se convencerão".

face direita: "A máquina vai funcionar quando as pessoas interessadas estiverem convencidas".

Watson e Crick, já dizendo conhecer a estrutura, ainda sentiam necessidade de sustentá-la para seus pares. E esse sustentar quer dizer até construir com metal um modelo mais bonito de ver. Apesar da controvérsia ainda aberta, o fato é que o modelo que eles propõem concorda com outros fatos bem conhecidos. Isso ajuda no fechamento da caixa. Por quê?

Quarta máxima de Jano:

face esquerda: "O que é verdade sempre se sustenta".

face direita: "Quando as coisas se sustentam, elas começam a se transformar em verdade".

O subcapítulo no qual essas máximas são expostas é intitulado "Quando o suficiente nunca é suficiente". É que, na hora da controvérsia, o que parece, depois, suficiente para atestar a correção de uma teoria ou descrição, não é. A passagem de insuficiente para suficiente não se dá por mera acumulação de resultados e, muito menos, pelo respeito a algum método. A análise dessa passagem é o propósito desse livro.

Todas essas máximas da face direita de Jano baseiam-se no princípio de subdeterminação de Duhem-Quine (nenhum fator isolado por fechar uma controvérsia, p. 31).

Nessa altura, Latour propõe sua

PRIMEIRA REGRA METODOLÓGICA

Estudamos a ciência em ação e não a ciência ou a tecnologia prontas; para isso, ou chegamos antes de que os fatos e máquinas se tenham transformado em caixas-pretas, ou acompanhamos as controvérsias que as reabrem.

As regras metodológicas são um pacote em relação ao qual é "tudo ou nada" (p. 36). Latour as escolhe em detrimento de outras devido a sua crença de que elas são mais eficientes para acompanhar melhor, por mais tempo e mais independentemente o trabalho dos cientistas e tecnólogos. Essa é, assim, uma "metarregra" latouriana, que define como as regras são escolhidas.

Uma coisa bem importante aqui é o papel passivo do estudioso. Ele "chega" e "acompanha". Ele nunca intervém. Se o fizer, forçará cientistas e tecnólogos a responderem a uma situação não-standard, qual seja, explicar ao forasteiro o que estão fazendo, o que deverá muito provavelmente, resultar em um discurso ideológico.

À página 33, ele fala do trabalho do estudioso da ciência, que é basicamente observar o processo que ele chamou em "Vida de laboratório", "subtrair modalidades".

Parte 1: Da retórica mais fraca à mais forte

Capítulo 1: Literatura

Parte A: Controvérsias

Neste capítulo, Latour vai falar de modalidades positiva e negativa. Positiva quando uma sentença, inserida em outra, é tomada mais como fato. Negativa quando essa mesma sentença pende para a ficção.

Antes, no entanto, dessas definições, Latour situa seu método como uma "perspectiva relativista e crítica" (p. 39). É crítica por não ter um ponto de partida, por "seguir" e não "guiar". É relativista por isso e por também não assumir algum padrão como "a verdade", contra o qual regras, métodos e resultados praticados ou obtidos pelos cientistas deverão ser julgados.

O autor começa com o exemplo de uma sentença que diz que o sistema de mísseis norte-americano está em perigo devido à precisão de uns novos mísseis soviéticos. A sentença é verdadeira ou falsa? Se verdadeira, deve-se seguir um curso de ação, criando novos sistemas de defesa. Se falsa, deve-se seguir outro curso, verificando como pôde a agência de espionagem obter informação imprecisa. Assumir uma perspectiva leva a ação posterior. Assumir outra leva às condições de origem da enunciação. Seja como for, a sentença só entra para discussão quando está inserida em outras. Em si, não é nada, não gera decisões, não as exige. "Uma sentença pode ser tornada mais fato ou mais ficção, dependendo da maneira como está inserida em outras. Por si mesma, uma sentença não é fato nem ficção; torna-se uma ou outra, mais tarde, graças a outras sentenças" (p. 45). Aqui fica bem claro o relativismo. Existe uma parti-pris de que não tem sentido examinar verdade de sentenças atômicas (com o perdão do positivismo implícito). O máximo que se pode pretender é coerência com conjuntos de outras sentenças, estas também dependentes de outras, num holismo que lembra Quine e sua "máxima da mutilação mínima".

Uma vez que a ciência trata de enunciados e dado que sua verdade não pode ser julgada caso a caso, mas apenas quando estes estão ligados a outros, enunciados por outras pessoas, vem que a construção da verdade é um fato coletivo (o que Latour define como seu

Primeiro Princípio) e que existe uma "transformação retrospectiva do valor de verdade" de sentenças, conforme as modalidades em que venham a ser inseridas mais tarde.

Uma vez que Latour não diferencia disciplinas, estamos aqui autorizados a incluir mesmo a matemática (bem na linha de Reuben e Hersh, "A experiência matemática", traduzido no Brasil pela Francisco Alves, em 1985).

Parte B: Quando as controvérsias se inflamam e a literatura se torna mais técnica

Até aqui, vimos como um enunciado não tem valor de verdade desligado de outros e que as controvérsias podem ser expressas como alterações de modalidade. A questão é que, em ciência, essas controvérsias esquentam e é para resistir a essa temperatura que a ciência produz seu resultado típico: o trabalho científico. (Em todo caso, dizer que esse veículo retórico é um dos menos estudados me parece retórico.)

Latour começa com uma conversa entre leigos em que um diz ao outro que o jornal noticia uma novidade científica. O outro duvida e o primeiro lança mão da qualidade do jornal. Ainda sem crédito, lança mão das credenciais do articulista, depois das credenciais de quem o articulista se refere, até que o oponente desiste. No fim de contas, a novidade é aceita não pelo rigor, pela razão, mas por puro apelo à autoridade.

A face esquerda de Jano, da ciência pronta, diz que "A ciência não se dobra a um monte de opiniões". Mas a face direita, da ciência em construção, diz "Como ser mais forte que um monte de opiniões?". A face esquerda nega o poder da retórica. A face direita o reconhece e o emprega, para ganhar discussões.

Aqui, como em outras ocasiões, friso para os alunos que o livro não é um "desmascaramento" da atividade científica, mas, antes, de uma pesquisa empírica sem, supostamente, pré-juízos. Friso que a ciência é assim e que sua imagem pública não é cinicamente estudada mas, antes, perfeitamente compatível com esse fazer. Além disso, friso que o impressionante é que isso "dá certo". Portanto, é preciso encontrar os motivos desse dar certo e não ver nesse processo de pesquisa uma degradação da atividade científica, que a colocaria a par de outras menos prestigiosas. Quero, na verdade, evitar aquela leitura de que Kuhn foi vítima, de que, dado que a ciência (em especial, no caso de Kuhn, a física) não parece seguir método, então tanto faz e tudo é ciência. Não, a ciência é uma grande conquista e dá certo. O que é preciso é descobrir por quê, e isso só pode ser feito se abandonarmos o pré-juízo de que existe um método a-histórico.

Latour passa agora a uma análise da bibliografia de um artigo. A controvérsia é sobre a estrutura do fator de liberação do hormônio do crescimento. A. V. Schally afirma que ele existe e tem dada estrutura. Seus críticos (que se mostrariam certos) afirmam que a estrutura dada por Schally é a mesma de uma porção de hemoglobina, um contaminante comum em extratos de encéfalo. Latour analisa um artigo de 1971. A bibliografia tem 32 artigos. Os mais antigos, aos quais o autor se reporta, dão-lhe inserção na disciplina. O grosso é formado por artigos recentes, que lhe dão atualidade. Destes, só um que discorda do autor é reportado. Mas ele não poderia deixar de o fazer, sob pena de estar escondendo sujeira debaixo do tapete. Cita-o, então, mas diz que seus resultados são equívocos. O diagrama de citações que Latour usa (de onde terá vindo essa forma de mostrar bibliografia?) está na página 60. O físico e filósofo Jean-Marc Lévy-Leblond afirma que a ciência se desconhece para mais de 10 ou 12 anos. Pelo diagrama, dá para ver que é mais ou menos isso mesmo. O grosso das citações tem no máximo cinco anos de idade e a mais antiga fora publicada 23 anos antes do artigo.

O que Schally faz com a bibliografia? Segundo Latour (p. 66), segue algumas regras:
- enfraqueça os inimigos
- paralise os que não puder enfraquecer
- ajude os aliados se eles forem atacados
- garanta comunicações seguras com aqueles que o abastecem de dados inquestionáveis
- obrigue os inimigos a brigarem uns com os outros
- se não tiver certeza de que vai ganhar, seja humilde e faça citações atenuadas

De fato, diz Latour: "são regras simples: são as regras dos velhos políticos".

Todas essas táticas visam a uma só coisa: isolar o leitor. Quer discordar do artigo? Mas, pense bem; olha quem está do meu lado! Assim, o artigo científico é apresentado como emblema de transparência, como algo que intima o leitor a entrar. Mas exige que ele entre direito, seguindo as regras impostas pelo autor. Se sair da linha, a bibliografia (e a discussão a que ela é submetida, *pois nenhuma sentença tem valor em si, mas apenas quando inserida no discurso de outros*) o fará desistir. É uma calculada peça retórica, que visa a ganhar o argumento pela autoridade. Na superfície, as citações seriam um resumo do arcabouço lógico do texto. Mas quem o perscrutaria? Ninguém, nem ele está ali para isso. É claro que, numa situação ideal, você poderá discordar ponto a ponto. Mas se não publicar, ou se publicar e ninguém o ler e citar, então a discordância, por mais abalizada que seja, terá sido nula. E como a construção de fatos é coletiva, vale o que é corrente, não o que é bem argumentado.

O tópico seguinte é dedicado justamente às questões de citação. O sonho de um autor é ser lido. Depois, citado. Melhor ainda, bem citado. Melhor ainda, deixar de ser citado, quando seu nome deixar de figurar nos enunciados e a sentença inicial, perdendo modalidades negativas (que a levam para as condições de enunciação) e ganhando positivas, deixa de vez a especulação para se tornar fato. A descoberta original se transformará em "conhecimento tácito" (p. 73) e passará ao contexto.

À página 75, existe um diagrama da história de um enunciado:

afirmação original (A é B)
modalidades negativas M-(A é B)
modalidades positivas e negativas M-+(A é B)
algo (mostrou que (A é B))
ausência total de modalidade (A é B)
conhecimento tácito (silêncio)
incorporação (instrumentos)

Daí temos uma conclusão interessante:
a ideia corrente é de que, por um texto ser técnico, então alija o leitor
mas a verdade é que por um texto alijar o leitor, então o chamamos técnico.

Parte C: Escrevendo textos que resistem aos ataques de um ambiente hostil

Em primeiro lugar, é preciso ver que os textos se fortalecem, conforme vão lançando mão de mais referências e, principalmente, quando trazem figuras e tabelas. Estas são "o mundo" dentro do texto. No caso de referências bibliográficas, o referente estava sempre fora do texto. Mas as figuras dizem outra coisa: "Você duvida? Então veja aqui mesmo".

À página 83, o autor comenta que, no texto científico, conforme o leitor se embrenha, não vai da autoridade (do autor e de suas referências) para a Natureza, mas de autoridade para mais autoridade.

Nem poderia ser diferente, dado o partido do autor. "A Natureza" é algo que, hoje, é "contexto", mas que já foi objeto de controvérsia. Enfim, é uma caixa preta fechada. Mas o fechamento dessa caixa é garantido por apelo a autoridades. Sempre que um autor tratar do contexto, terá duas atitudes. Ou o incorpora inteiramente (quando se sente seguro de que não haverá o que arguir) ou o refere a autoridades (quando sente que o contexto, em vista do objeto em foco na discussão, poderia ser questionado e reaberto). Não existe um fundo para esse poço. Ou o fundo é trivial: nossas sensações indiscutidas, o senso comum atual. Que, no fundo, também já foram objeto de controvérsia. Só que, como essas controvérsias não têm data de abertura nem de fechamento, perdemos de vista inteiramente o caráter precário do senso comum.

É também nessa altura que Latour define "texto científico" (p. 82): "A transformação da prosa linear numa, digamos, formação entrelaçada de linhas de defesa é o sinal mais seguro de que o texto se tornou científico".

Depois de mostrar como os textos supostamente trazem o mundo para dentro deles, Latour discute três estratégias de estratificação de textos, que tornam os artigos científicos mais que descrições localizadas e lhes dão ar de falar de muito mais do que falam na realidade. Enfim, Latour vai buscar na retórica os mecanismos da **indução**.

Tática 1: Empilhamento

Suponha um texto que discuta mecanismos renais em mamíferos. De fato, o pesquisador estudou:

3 pedaços de carne	que foram considerados...
3 rins de hamster	que foram extrapolados para...
rins de hamster	que, dado que hamsters são roedores, viraram...
rins de roedores	e como roedores são mamíferos, temos...
rins de mamíferos	que é o título do artigo em questão.

Agora, tudo vai depender do crédito do pesquisador. Da mesma forma que falamos em modalidades positiva e negativa, falamos em indução. Se o pesquisador perde crédito, suas asserções vão sendo inseridas em modalidades negativas, que as levam para montante, para as condições iniciais de enunciação. Enfim, pensando em termos de indução, levam-no de mamíferos para hamsters e, daí, para três fatias de carne.

Como lembra o autor (p. 86), "um texto é como um banco: empresta mais dinheiro do que tem em seus cofres".

Isso vale para praticamente qualquer texto, mesmo os filosóficos mais puros. Conforme o crédito que dermos a Descartes, as meditações dizem respeito à razão ou a um homem sozinho que pensa um tanto estranhamente. A sequência seria homem sozinho >> todo homem >> a razão. Num limite, estaremos falando em filosofia. No outro, em biografia.

Esse empilhamento segue três regrinhas: (1) nunca pôr camadas exatamente uma sobre a outra, senão não há ganho, e você quer formar um arco, não uma torre; (2) nunca pular camadas, a menos que você esteja absolutamente seguro de que não há ninguém na plateia para questioná-lo; (3) sempre usar o material exato: provar um ponto usando exatamente o que é necessário e suficiente. Se você usar mais que o suficiente, a prolixidade poderá ser interpretada como insegurança. Se você usar menos, seu discurso será interpretado como carente de argumento.

Tática 2: Cenografia e enquadramento

Neste ponto, Latour entra com o que define como "personagens semióticos". A melhor forma de ganhar o leitor é colocá-lo *no* texto. Da mesma forma que, num filme ou livro eficiente, espera-se que o leitor se identifique com um dado personagem. Isso facilita o fluxo do texto e, apesar de manter autonomia para o leitor, tolhe-o de perguntar muito. Afinal, já existe *no texto* alguém que levanta as objeções. E elas são tão boas e o autor as responde tão bem! Se tudo der certo, o leitor aceitará inteiramente a argumentação, justamente porque seu personagem semiótico a aceitou. É isso o que o autor espera.

Os autores também se colocam no texto dessa forma. Fora dele, são um grupo de homens e mulheres (seis, no caso de um artigo que Latour estuda). Mas, no texto, são entidades vagas, definidas na primeira pessoa do plural. Isso garante anonimato, o que sugere que a Natureza se oferece a qualquer um. Não é que "João viu X", é que "vê-se X". Não é que "Pedro e Paulo notaram que x", mas "notamos que x". E assim por diante. Existem autores dentro do texto que apresentam o mundo no texto a um leitor no texto. Se o leitor se identifica com toda essa cenografia (*staging* foi traduzido aqui por "encenação", que não é a melhor solução, pois a palavra tem uma ressonância de 'enganação' e esse absolutamente não é o caso; ninguém está conscientemente enganando ninguém), então o argumento está certo. O artigo científico é justamente a peça literária em que ocorre esse tipo de embate.

Tática 3: Captação

Das três táticas apresentadas, é a mais fugidia. Digamos apenas que se trata de exercer algum controle sobre o fluxo de texto. O leitor deve se sentir livre para discordar (para não se sentir acuado por um pseudoargumento), mas não livre o suficiente para fugir do texto. Para que isso aconteça, é preciso que o autor cerque todas as saídas. Assim, o leitor terá alguma liberdade, mas dentro de um espaço muito bem delimitado. Isso reforça a convicção que a leitura pode suscitar. Se o controle se der muito perto do leitor (se a pista por onde ele corre for muito estreita) e pode sair convencido, mas com a sensação de que foi forçado à conclusão. Se a pista for larga, sairá convencido e com a sensação de que, apesar das muitas alternativas, aquela a que chegou é mesmo a melhor.

Nesse ponto (p. 98), Latour defende um holismo forte:

"Quando esse resultado [o leitor deslizar do início ao fim do texto sem dúvidas] é atingido —o que é raríssimo— diz-se que o texto é lógico. Assim como os adjetivos científico e técnico, parece que o adjetivo lógico muitas vezes indica um tipo de literatura diferente da ilógica, escrita por pessoas de mentalidade diferente, que seguem métodos diferentes ou padrões mais rigorosos. Mas não há nenhuma distinção absoluta entre textos lógicos e ilógicos; há toda uma gama de matizes que depende tanto do leitor como do autor".

Neste ponto, citei para os alunos Quine e sua "máxima da mutilação mínima". Vejo um dragão na janela. Concluo que minha vista está ruim, ou que existem dragões, ou que é uma piada de alguém que está armando contra mim, ou que existem outras dimensões que interferem com esta e por alguma passagem vêm dragões? Da resposta dependerá o quanto vou mexer na rede epistêmica. Posso apenas pôr em dúvida uma afirmação periférica ou posso ir indo mais para o centro: posso passar a duvidar da biologia, da física e, no limite, da lógica. Tudo depende de o quanto estou disposto a sacrificar. É essa máxima quineana que garante a posição privilegiada da lógica. Ela é inquestionável (ou quase) porque questioná-la teria um custo muito elevado para toda a rede.

Nessa altura, Latour chega à sua
SEGUNDA REGRA METODOLÓGICA (p. 99):
"Não devemos procurar as qualidades intrínsecas de qualquer afirmação, mas sim todas as transformações por que ela passa mais tarde em mãos alheias".

Na conclusão do capítulo, o autor fala das três alternativas possíveis diante de um texto científico: desistência, adesão ou averiguação.

Na primeira, o texto será abandonado.
Na segunda, paradoxalmente, também, pois o conhecimento que aporta será incorporado em instrumentos, no contexto.
Na terceira, será necessário enfrentar o autor em outro campo: na brenha de referências ou no laboratório. É isso o que enseja a continuação deste livro.

Antes de finalizar, Latour comenta a respeito da retórica científica que ela difere da antiga (ou, daquela que com menos dificuldade chamamos "retórica", já que o termo normalmente não é usado no contexto científico, salvo pejorativamente) por usar ainda mais aliados externos, por mobilizar em um só ponto muito mais recursos que outras retóricas o fazem (p. 102).

Dado o gosto do autor por causar choques, afirma, no fim deste capítulo, que a literatura científica é diferente do comum não por ser mais intelectual e, portanto, menos social. Mas por ser paroxisticamente social. Nenhuma outra é tão enredada, nenhuma mobiliza tantos atores (semióticos ou aparentemente não, como "a Natureza"). "A distinção entre a literatura técnica e o restante não é obra de fronteiras naturais; trata-se de fronteiras criadas pela desproporcional quantidade de elos, recursos e aliados disponíveis. É tão difícil ler e analisar essa literatura não porque ela escape a todos os elos sociais normais, mas porque ela é *mais* social do que os vínculos sociais considerados normais". (p. 104)

Capítulo 2: Laboratórios
Parte A: Dos textos às coisas: mostrando as cartas

Se o discordante continuar duvidando do cientista, o jeito é ir ao laboratório deste e checar os resultados. Latour monta o caso fictício de um discordante que vai ao laboratório em que são feitas experiências que visam à purificação de uma endorfina.

Para testar a presença dessa droga produzida pelo cérebro, os cientistas, primeiro, fazem extratos de encéfalo de camundongos. Depois, separam esses extratos em colunas de *sephadex*. Cada fração é guardada em um frasco e testada em um aparelho.

O tal aparelho consiste em uma cuba com uma tira de íleo de cobaia presa a dois eletrodos. Como esse músculo tem um padrão de contração muito regular, é fácil medir o efeito de qualquer coisa sobre ele, bastando observar como a agulha do fisiógrafo mostra as variações a partir da oscilação normal.

A questão agora é: o discordante não passou do texto à natureza (quando foi apresentado, ainda no texto, ao gráfico) e, com a visita ao laboratório, da representação direta da natureza (o gráfico) à natureza mesmo. Ele só passou de uma malha de citações e figuras a uma outra malha de equipamentos que produzem inscrições que precisam ser interpretadas. "O gráfico, que era o elemento mais concreto e visual do texto, agora é o elemento mais abstrato e textual num atordoante arsenal de equipamentos" (p. 110).

O caso em questão traz para consideração muitos tópicos:

- experimento é sempre um complexo
- cada elo desse complexo é uma caixa preta
- bom funcionamento do complexo é em parte aferido pelo próprio resultado
- tudo o que é produzido é uma inscrição
- essa inscrição precisa falar por um porta-voz
- esse porta-voz é o cientista

O exemplo enseja a Latour definir os pontos essenciais do capítulo: instrumentos e porta-vozes.

Instrumento é um complexo cujas partes não mais estão em discussão e que produz inscrições. Assim, no exemplo, o fisiógrafo não está em discussão (diríamos que, da mesma forma como acontece com os *papers* científicos estabilizados, passou para o contexto), mas o equipamento todo (que o inclui) está.

Porta-voz é quem fala por quem não pode falar.

Diante da natureza, supostamente presente no laboratório, restam ao discordante duas alternativas:

- desmontar o instrumento
- enfraquecer a relação entre o porta-voz e a inscrição

Latour exemplifica o comportamento e a dinâmica do porta-voz com o exemplo de um representante sindical que vai à direção de uma fábrica com um pedido de aumento. O dono tentará averiguar qual o grau em que esse porta-voz realmente fala pelos operários, fazendo várias provas de força. O mesmo é feito entre o discordante e o cientista, o que leva Latour a falar que não existe, na prática, muita diferença entre pessoas e coisas: sempre são necessários representantes para os que não podem falar, sejam eles objetos, animais, tiras de íleo ou seres humanos.

Assim, o porta-voz não diferencia pessoas de coisas e isso é o que leva Latour, mais para frente, em falar da necessidade de fazer alianças com tudo, tudo mesmo, para garantir o sucesso de uma empreitada científica. É preciso, por translação de interesses, trazer pessoas para seu lado. Mas é preciso também trazer instrumentos, fazer com que eles pareçam ser representados por você, mesmo que não sejam.

Nesta altura, aproveitei para mostrar a experiência de Raymond Davis com neutrinos solares, à qual Latour apenas alude na página 114. Ela é interessante porque mostra um caso em que o sucesso do instrumento está atrelado diretamente ao resultado, numa circularidade difícil de escapar. Além disso, mostra que os cientistas adaptam teorias a instrumentos, a fim de obter resultados ditos, depois, corretos. A experiência é explorada no capítulo 7 de 'The Golem' traduzido no Brasil pela editora Unesp como "Golem, o que você deveria saber sobre ciência, 2003). Outra coisa importante da experiência é como os cientistas mudam de expectativa conforme a fase da pesquisa. Collins e Pinch mostram um gráfico no qual, conforme os cientistas iam arranjando financiamento, a expectativa d encontrar neutrinos ia diminuindo. Só que, se eles dessem tais expectativas menores no início, não teriam financiamento para começar a trabalhar. Má fé? Não. É apenas um padrão que, aliás, mais uma vez coloca a atividade científica no mesmo patamar de qualquer outra atividade humana.

"Dependendo das provas de força, os porta-vozes se convertem em indivíduos *subjetivos* ou em representantes *objetivos*" (p. 129). Essa passagem enseja mais um exemplo de como modalidades apostas ao discurso dos porta-vozes determinam o conteúdo dos experimentos. Objetividade e subjetividade (dois estados que diferenciaríamos essencialmente) são apenas resultado de uma disputa resolvida em termos puramente extensionais.

Neste capítulo, aparecem tópicos tradicionais de filosofia da ciência como, por exemplo, "experimento crucial". Mas Latour evita o nome e prefere uma abordagem mais histórica.

O motivo é o método latouriano, exposto em suas regras metodológicas. Ele é absolutamente extensional. Não vem ao caso se os cientistas usam ou não um método, não vem ao caso se um instrumento é um complexo ou algo mais simples. Se os resultados são aceitos, então isso resolve a questão. Não existe nada **nos** resultados ou no método de obtenção que force a aceitação.

Outra coisa importante: isso **funciona**, ou seja, a ciência natural acerta (pelo menos no sentido de aumentar a longo prazo sua capacidade preditiva), o que exige que se procure uma definição de "razão" que não faça menção a lógica, regras etc.

Isso também é bem interessante e difícil: essa questão do "longo prazo". A longo prazo, a capacidade preditiva aumenta. Mas isso se dá por acréscimo de lances de curto prazo nos quais essa capacidade, muitas vezes, *diminui*. Bom tópico de pesquisa.

Parte B: Construindo contralaboratórios

No início desta parte, Latour resume seu percurso até aqui:

1. o que está por trás das alegações? Textos.

2. por trás dos textos? Mais textos.

3. por trás dos artigos que suportam os textos? Mais artigos e gráficos.

4. por trás das inscrições produzidas mostradas nos gráficos? Instrumentos e seus porta-vozes.

5. por trás dos porta-vozes? Provas de força que avaliam a resistência do elo entre representados e representante.

Nessa altura, quase todos os discordantes já desistiram. Mas, se o exemplo fictício quiser ir adiante, o próximo passo para o discordante seria a montagem de um contralaboratório. Porém, este deve fazer mais que seu concorrente, pois deve poder não só mostrar que este está errado, como mostrar uma saída.

O contralaboratório é o último ponto do que poderíamos chamar "dúvida metodológica latouriana". É totalmente fictícia, pois não reflete nenhum caso histórico e existe apenas para mostrar o que se posta atrás dos textos apresentados pelos cientistas. Sem ela, ou teríamos parado muito antes com nossas inquirições (como o fazem os cientistas praticantes) ou estaríamos buscando o fazer científico em alguma característica essencial. A dúvida serve para nos levar até o contralaboratório e, então, pára. Terminada essa parte, podemos dizer que Latour fecha a parte crítica de "Ciência em Ação" e começa sua parte substantiva, em "Translações".

Neste capítulo, Latour tem de fato pouco a dizer. Dá muitos exemplos, sempre de casos históricos em que houve disputa (Guillemin contra Schally, Freeman contra Mead, Pasteur contra Pouchet) e mostra que a tática do cientista discordante segue um padrão:

crítica ao competidor
desmontagem do argumento do competidor
montagem do contralaboratório
novos resultados que cumprem duas funções (afirmam-se e desacreditam o competidor)

Nessa empreitada, o cientista aliciará instrumentos, técnicos outros cientistas e mesmo a natureza. Nessa altura, Latour fala em "fato novo", como sendo algo que resiste a provas, que não tem nome e cujo nome deriva dessas provas. Laboratórios são como ginásios olímpicos, em que testes são criados e quem os supera é admitido. Só que a via de conhecimento das coisas é o próprio teste (diferentemente de um atleta, que conheço independentemente de seu performance). Daí que as coisas, no início de sua existência, recebem o nome dos testes por que passaram. Depois, essa lista de testes ganha um nome sintético. Como os testes podem ser replicados, fica mais fácil dar um nome só para a coisa nova e como nomes pressupõem a existência de coisas, elas passam a existir. Assim, não é que a natureza obrigue o cientista a fechar controvérsias. A natureza é o último estágio da controvérsia, é seu resultado.

As duas faces de Jano dirão, então, coisas diferentes. No final da controvérsia, teremos:
Face 1: A natureza é a causa que permitiu a resolução das controvérsias.
Face 2: A natureza será a consequência da resolução.

Dessa digressão, Latour tira sua terceira regra metodológica: uma vez que a resolução de uma controvérsia é a causa da representação da natureza, nunca poderemos usar o resultado —a natureza— para explicar como e por que uma controvérsia foi resolvida (p. 164).

No último parágrafo, Latour comenta sobre a clivagem entre relativismo e realismo. Como ele é absolutamente extensional e segue, por regra, os cientistas, age como eles: é realista no que diz respeito às partes assentadas e relativista com respeito às controversas. Ser relativista com respeito a tudo seria bobo e ser realista com respeito ao controverso, impossível. E por que ele não poderia ser relativista, mantendo a dúvida acerca das bases da ciência e da tecnologia? Porque o custo é alto demais para o discordante. Se é alto demais para os cientistas, que dirá para os sociólogos e antropólogos. Logo, se eles pararam de discordar, nós também.

É nessas pequenas coisas que está a precisão de Latour. Ele é rigorosamente extensional, não se apoia em quase nada, evita qualquer recurso a qualidades essenciais das coisas, à natureza, ao método. Quando diz que a discussão cessa, não diz que isso acontece porque algum princípio está sendo seguido, porque algo especial aconteceu. Cessa porque os custos são elevados e porque os atores já pararam e, assim, não cabe continuar o espetáculo. Isso o deixa à vontade com o relativismo: ele o será só se seus informantes o forem. E nem assim: ele só anotará seus passos.

PARTE 2: DOS PONTOS FRACOS AOS FORTES
Capítulo 3: Máquinas
As incertezas do construtor de fatos
Parte A: Translação de interesses

Não está ainda muito claro a esta altura por que o capítulo se chama "Máquinas". Como dito antes, começa aqui a parte substantiva de Latour. Embora ele "siga cientistas e engenheiros sociedade afora", o fato é que, até aqui, seguiu apenas cientistas e engenheiros fictícios, idealizados, seres cuja existência foi conjurada apenas para fins didáticos.

Ninguém duvida de toda a bibliografia de um artigo ou perscruta todos os pontos da rede de citações ou constrói um contralaboratório. As pessoas agem criando alianças. É a análise dessas alianças e de seus resultados que começa agora.

A questão para Latour aqui é explicar como os cientistas (e tecnólogos) agem de fato. Até agora, examinamos a caminhada implicada pela dúvida metodológica. Se o sujeito discorda de um artigo,

ou o questiona rapidamente e concorda

ou continua discordando e parte para o exame de toda a sua bibliografia

ou continua e monta um contralaboratório

O problema é que ciência e técnica NUNCA são assim. Os recursos são escassos e os cientistas devem usar os meios à disposição. Portanto, precisam aliciar outros cientistas, outros grupos e outros instrumentos, que já estão na comunidade, fazendo-os funcionar para seu fim.

Só que esse aliciamento leva o cientista a duas demandas que se chocam:

1. deve alistar outras pessoas para que elas participem da construção do fato;

2. deve controlar o comportamento delas, de forma a tornar previsíveis suas ações.

Para cumprir esse duplo programa, os cientistas lançam mão de táticas de aliciamento, que Latour chama coletivamente de translação de interesses.

Definição: "Chamarei de translação a interpretação dada pelos construtores de fatos aos seus interesses e aos das pessoas que eles alistam".

É importante frisar que tais translações não precisam ser conscientes, pois os atores não agem cinicamente (pelo menos não na maior parte das vezes).

TRANSLAÇÕES

1. eu quero o que você quer

2. eu quero, por que você também não quer?

3. se você se desviasse um pouquinho...

4. remanejando interesses e objetivos

    a. deslocar objetivos

    b. inventar novos objetivos

    c. inventar novos grupos

    d. tornar invisível o desvio

    e. vencer as provas de atribuição

5. tornar-se indispensável

(1) é o que ele chama "estratégia da carona" (pega-se carona em quem tem mais poder e deixamos que ele transforme nossas afirmações, na esperança de dar-lhes mais visibilidade). O problema é que nossas afirmações podem virar algo completamente diferente do pensado no início. Logo, é uma tática insegura para quem tem pouco poder.

(2) é o contrário de (1): as pessoas pegam carona conosco. Mas elas só fazem isso se perceberem que seu caminho está completamente bloqueado.

(3) para essa tática funcionar, é preciso que:

o caminho principal esteja claramente bloqueado;

o novo desvio esteja bem sinalizado

o desvio pareça pequeno

O problema dessa estratégia é que se um grupo puder avaliar bem a extensão do desvio, então por que seguiria você? Eles fariam tudo sozinhos. Além disso, como tudo estava na mesa, fica difícil, no final, dizer quem foi o responsável pelo desvio: você ou eles mesmos? Portanto, uma tática mais poderosa deve ser posta em prática.

(4) supera as desvantagens de (3):

a. a extensão do desvio deve ser de avaliação impossível.

b. deve ser possível alistar outros mesmo que o caminho destes não esteja bloqueado

(afinal, se você só puder alistar quem chegou a um impasse, o número de aliciáveis se torna muito pequeno)

c. deve-se tomar cuidado para evitar definir claramente quem é alistado e quem alista (motivação, independência das equipes, possibilidade de méritos individuais)

d. no fim de contas, os construtores devem aparecer como a única força propulsora.

No fim de contas, não se trata bem de cinco translações. Pode-se dizer que uma translação bem-sucedida é uma mistura de todas. Você toma carona (translação 1), mas, em dado momento, ou em dado setor da pesquisa, mostra-se indispensável (translação 5). **Assim, é lícito dizer que tudo o que queremos é (5)**, que nos garante proeminência, liberdade e prioridade e usamos as táticas de (4) para consegui-la. (1), (2) e (3) são só distinções analíticas.

Parte B: Mantendo na linha os grupos interessados

Essa parte é fortemente calcada em exemplos históricos, especialmente o caso Diesel x MAN. A questão colocada pelo autor é: como manter as pessoas fazendo o que você quer? Criando alianças e fazendo compromissos. O motor de Diesel deveria funcionar com qualquer combustível. Não dá? Então funciona com um combustível em particular. Enfim, o projeto vai sendo reformado, de forma a atender a todos. Nisso, novas alianças são feitas. Latour não diferencia aliciar pessoas e aliciar coisas. O que é razoável, dentro do modelo. Se a realidade é forjada no laboratório, se as "coisas" são listas de provas, então as coisas são aquilo para o que criamos provas. A coisa x faz isso? Talvez faça, mas como nunca pensamos no assunto, que diferença faz? Assim, aliciar coisas é defini-las e a definição é sempre parcial, pois depende das provas a que as submetemos.

Outra coisa importante, seguindo a premissa de que alegações só tomam sentido nas mãos de terceiros, é que as caixas pretas também só tomam sentido nas mãos de terceiros, já que são feixes de alegações cristalizados em objetos. Se a caixa puder ser aberta, se puder ser modificada, então nossas alegações (e nossa prioridade, nossos prêmios, nossas patentes) correm perigo. Portanto, é fundamental desenvolver o que Latour chama "máquinas": caixas pretas que, sem serem tocadas, incorporam-se ao ambiente. Mas, para que isso aconteça, é preciso desenvolver, ao lado das caixas, redes. Eastman, para tornar a Kodak uma caixa preta, precisou desenvolver redes de lojas de suporte. A MAN, para tornar o motor Diesel algo confiável e usável por qualquer um, precisou desenvolver redes de suporte. Por isso, quanto mais preta a caixa, maior a rede que a sustenta. O que leva à ideia de que todos os usuários estão implicados na manutenção da caixa (da alegação, da teoria etc.). Esse é o modelo que Latour chama de "modelo de translação".

Segundo o autor, o que é mantido para a sociedade é o "modelo de difusão". Umas poucas pessoas descobrem, umas poucas desenvolvem, todos usam passivamente. Quando uma ideia não se difunde, culpa-se a sociedade. Quando se difunde, glorifica-se o descobridor. Só que o estudo meticuloso da história mostra que a caixa preta raramente é o que o descobridor tinha em mente no início, sendo na verdade resultado de n processos de translação. Então, o modelo de difusão exige que se atribua ao descobridor praticamente toda a obra. Como isso não é possível, afirma-se que tudo estava dado "em germe". Além disso, o modelo é assimétrico, pois a tal sociedade só é chamada ao cenário para explicar falhas no progresso de uma caixa preta (ou de candidato a caixa preta).

Latour defende a ideia de que a sociedade tal como dada no modelo de difusão, um meio permeável à inovação, não existe. É resultado do modelo. O que existe é uma sociedade que se transforma e usa (ou não) certas máquinas. Usamos automóveis não porque eles são uma grande ideia e que, portanto, foi aceita. Usamo-los porque os fizemos, todos (claro que em graus diferentes). A sociedade que usa carros é resultado de um processo de translações. O objeto técnico fica estável exatamente quando seu público fica estável. Os objetos podem ser estudados via desenvolvimentos técnicos (tecnograma) e as pessoas via um diagrama de associações (sociograma). Eles são simétricos e chegam à estabilidade ao mesmo tempo. A sociedade que "aceita" o objeto técnico é outra, diferente daquela que o desconhecia. É por isso que ele se difunde, porque não foi "aceito", mas porque foi moldado junto com a sociedade.

Pergunta: será que o que chamamos "massa" (as massas silenciosas de Baudrillard) pode ser incluído nesse raciocínio? Creio que não. Talvez possamos dizer que a sociedade latouriana é apenas a que ainda está implicada no processo produtivo.

Essas considerações levam o autor à sua Quarta Regra Metodológica, que é apenas a terceira com "sociedade" no lugar de "natureza". A sociedade e resultado do fim de uma controvérsia e, assim, não pode ser usada para explicar por que uma determinada controvérsia chegou ao fim e a natureza (e a sociedade) se estabilizou.

Capítulo 4: Quando os de dentro saem (*Insiders out*)
Parte A: Despertar o interesse dos outros pelos laboratórios

Primeiro, assinalo o que acredito ser uma brincadeira embutida no título do capítulo. Este começa com duas descrições de casos em que a atividade não existe, seja porque não começou, seja porque está em decadência. Depois, evolui para o estudo de um caso de atividade a pleno vapor. Assim, "insiders out" poderia ser interpretado como "sem insiders", quando a atividade ainda não existe, e como "quando os de dentro saem", quando a atividade está a toda e só está assim porque aqueles que consideraríamos "de dentro" saem, gastam boa parte de suas energias na criação de alianças. A tradução para o português não salva esse aspecto do título.

O capítulo apresenta três casos, dois fictícios, mas emblemáticos, isto é, costuras de vários casos reais, e um caso real mesmo. A ideia é mostrar que, coerente com o que vem sendo dito até aqui, o número de implicados no processo de desenvolvimento tecnocientífico é muito maior que aquele que o modelo de difusão nos leva a acreditar.

Nesse modelo, uns poucos têm todas as grandes ideias, que são posteriormente difundidas na sociedade. Se esta as aceita, é porque eram boas na origem. Se não, é porque a sociedade é conservadora. A tese de Latour é que, com as translações, as ideias iniciais são o que são, apenas pontos de partida, e o resultado é tanto um objeto (ou uma teoria) e a sociedade que o aceita.

Mas essa dinâmica só é bem-sucedida se os cientistas dedicarem parte do tempo à atividade de bancada e parte do tempo às atividades de translação, implicando mais pessoas e coisas na produção de bens ou de fatos.

O "difusionistas" (Latour não usa esse termo, mas tudo bem usá-lo aqui) explicam essa dinâmica na linha do "existem cientistas de verdade e administradores do processo, que sujam as mãos com os financiadores; não existe ciência sem esse financiamento, mas as instâncias não se confundem".

Latour examina no capítulo a história da fundação da geologia, com Charles Lyell (1797-1875), a história de um cientista/tecnólogo brasileiro, João da Silva e o caso do "chefe", um cientista bem-sucedido.

No caso de Lyell, a geologia não existe como disciplina. Assim, ele tem de gastar muita energia fora de seu laboratório (que nem existe), em tarefas tais como:

- atrair financiadores
- atrair acadêmicos
- atrair leigos, que colecionam espécimes

e, ao mesmo tempo

- enxotar financiadores, para que não interfiram demais no trabalho
- enxotar acadêmicos, para que a nascente especialidade possa se diferenciar do que já existe
- enxotar leigos, para que não façam nada além de coletar material para estudos mais profissionais

Complicado. Assim, quando a disciplina não existe, está-se quase todo tempo **FORA** do laboratório.

O caso de João da Cruz, de São Paulo, é diferente. Ele foi para o exterior, estudou, interessou, quando de sua volta, governo e militares na construção de um computador brasileiro, conseguiu financiamento para comprar material etc. Mas, depois, a política mudou e João foi sendo abandonado. Quanto ao mercado, todos preferem, com o relaxamento de políticas de restrição, comprar fora do país chips mais eficientes e baratos. Assim, ninguém de fora passa por seu laboratório e ele não tem de ir a lugar algum para negociar, pois sabe que nada conseguirá.

Quanto à vida universitária, sua falta de perspectiva de acordos com forças produtivas leva a uma defasagem do laboratório. Ele continua a fazer pesquisa ("acadêmica", no pior sentido da palavra), mas já não consegue publicar nas revistas de ponta.

Em breve, passa a dar aulas em escolas sem expressão científica, passa a escrever para jornais e revistas, em seções dedicadas à divulgação de ciência e tem de optar entre desaparecer do mundo tecnocientífico ou migrar para um centro maior, para integrar grupos de outros.

Ou seja, na decadência, o cientista está o tempo todo **DENTRO** do laboratório.

O caso do "chefe" é exposto na forma de um diário: o antropólogo da ciência e da tecnologia segue um chefe de laboratório e o encontra em todas as situações: com representantes de governos, com industriais, com técnicos, com grupos de pressão, com jornalistas, com editores, com conselheiros de agências e, muito eventualmente, com os cientistas da bancada.

Quem faz ciência? O cientista preso à bancada ou o chefe? Essa é uma questão importante quando se resolve que o negócio é "seguir cientistas e engenheiros sociedade afora". Se seguirmos os cientistas de bancada, teremos uma visão de ciência muito diferente da que obteríamos se seguíssemos os chefes. Temos de seguir ambos.

Mas então poderiam vir críticos e dizer que o da bancada faz ciência e o chefe apenas garante condições materiais para tanto, além de fornecer alguma distante orientação formal. Mas isso não é verdade do ponto de vista do modelo de translação, em que o número de implicados na construção de fatos se amplia. Como o cientista de bancada faz ciência? Com a ajuda de candidatos a PhD, com a publicação de resultados, com a interlocução densa com seus pares. Não tem sentido dizer que, num ponto, produz-se ciência e que outra atividade é a interlocução, a publicação, o trabalho braçal dividido em equipes extensas, com chefes, subchefes e aspirantes. Tudo junto **é** ciência. Sem publicação, por exemplo, um trabalho é nada, é apenas reflexão pessoal. Assim, o cientista da bancada faz ciência porque o chefe está no conselho de revistas, garantindo a publicação de resultados, está nas agências, criando espaço para sua especialidade, está nas indústrias, garantindo que os instrumentos cheguem mais adaptados ao laboratório etc. etc. etc.

É claro que esse aumento no número de implicados no processo pode levar à paralisia da análise. Se todos estão implicados, então todos têm de ser seguidos. Como escapar disso? Como fazer para seguir o chefe, mas não o jornalista a quem o chefe dá uma entrevista, e que terá sem dúvida um papel (pequeno ou grande, pouco importa) no processo de manutenção do laboratório? A saída de Latour é (página 262):

"Tenho sugerido implicitamente aquilo que seria o esqueleto de uma anatomia diferente da tecnociência, e agora direi como é ele: nele, a divisão interior/exterior é resultado provisório de uma relação inversa entre recrutamento 'externo' de interesses —o sociograma— e o recrutamento 'interno' de novos aliados —o tecnograma. A cada passo do caminho, altera-se a constituição daquilo que é 'interno' e daquilo que é 'externo'."

Enfim, existe, finalmente, para Latour, o "dentro" e o "fora". Sem isso, já dava para ver, não daria para trabalhar. Afinal, se ele pretende seguir as pessoas e ver como elas agem, tem de levar em conta o que elas veem. E elas veem "dentro" e "fora". De nada adiantaria dizer algo na linha "nós, os antropólogos da ciência, vemos o certo, e essa divisão é fictícia". Não, pois não pode ser descartado como ficção aquilo que você efetivamente encontra na sociedade. O que é encontrado tem de ser explicado. (Afinal, se pudéssemos descartar aquilo que, segundo nossa teoria, é ficção, por que então teríamos nos dado o trabalho de seguir as pessoas?) Enfim, usamos um critério frouxo, baseado no bom senso. O chefe sabe o que o cientista da bancada faz e compartilha com ele alguns objetivos. Então, é cientista e deve ser seguido. Ele se encontra com o industrial, que dá recursos a troco de algumas alterações de projeto. Aceitas as alterações, vemos quem as implemente. É o chefe e sua equipe. Então, continuamos a segui-los. E o industrial? Não será seguido, pois não é incorporado ao processo, nesse momento. Mas o projeto deve, nalguma altura, ser apresentado ao industrial. Então, devemos segui-lo. O industrial o aprova? Só depois de testá-lo junto a potenciais consumidores. Então, seguimos o industrial e esses consumidores-pilotos. Estes aprovam a coisa e orientam o industrial? Se sim, deixamos de segui-los, pois já cumpriram sua parte. Apenas registramos que, em alguma altura, entraram no sociograma. Mas cada um desses consumidores só foi convocado porque tinha tais e tais características e relações. Algumas dizem respeito ao projeto (formação, conhecimento etc.) e outras, não (laços familiares, gostos em outras áreas etc.). Então, não precisamos seguir, digamos, a namorada do consumidor-piloto que fez parte do grupo que orientou o industrial que exigiu do chefe, que ordenou ao da bancada. O problema é como podemos saber de antemão quem devemos seguir e quem não. Só com base em um conhecimento de o que é e de o que não é importante para um projeto. Mas se sabemos isso de antemão, sabemos mais do que aquilo que nossa pesquisa simples (de apenas seguir) sugere. E o que é esse "isso a mais"? Temos, então, de nos basear em alguém. O da bancada ou o chefe têm uma ideia de quem deve ser aliciado. Seguimos as pessoas dessa lista. Se o chefe as descarta, fazemos o mesmo. Mas, como temos de ter um ponto de partida, precisamos eleger alguém. E se elegêssemos a namorada do consumidor-piloto número 23? A tese (forte) de Latour é que chegaríamos ao mesmo resultado. Acabaríamos achando a rede e revelando alguns pontos de passagem obrigatórios, que se concentram fisicamente no chefe. *Essa tese me parece empírica e deveria ser testada.* Enfim, a tese é: podemos começar de qualquer ponto e usar como orientação um problema. Por exemplo: eficiência dos motores Diesel. Podemos começar por Diesel ou pelas faxineiras de uma oficina mecânica no Brasil. Chegaremos aos mesmos pontos, que são os pontos de passagem das translações. Mas é bom frisar que esses pontos e essas translações são provisórios. Se perdermos isso de vista, teremos de dizer, de saída, que existe Natureza estável e problemas comuns que essa Natureza propõe a todos. Se fizermos a jornada em um momento, acharemos um ponto nodal. Se fizermos noutro momento, acharemos (poderemos achar) outro.

Latour, em seguida, esboça um ciclo que mostra o caminho do cientista de dentro para fora. Esse ciclo tem cinco etapas:

dinheiro
força de trabalho
instrumentos
objetos
argumentos
inovação

O cientista passa por ele várias vezes, cada vez em nível mais elevado:

	dinheiro	força de trabalho	instrumentos	objetos	argumentos	inovação
etapa 1	recebe fundos	faz pessoalmente	usa protótipos	poucos aliados	poucos	restrita ao laboratório
etapa 2	encabeça comitês	tem auxiliares candidatos a PhD	usa instrumentos	aliados inespera dos	escreve artigos	uso difundido
etapa 3	é parte do governo	cria políticas educacionais	pauta indústrias	muitos novos objetos	cria revistas	controla a difusão

Latour conclui que seria impossível traçar um limite do quadro, no qual estariam do lado de fora o contexto e do lado de dentro o conteúdo técnico. Essas fronteiras são móveis e se retroalimentam.

Isso leva ao que John Ziman definia como o "efeito Mateus": mais é dado a quem mais tem.

Parte B: Contando aliados e recursos

Esta parte do livro é a mais difícil. Latour já mostrou de forma convincente que só uma visão distorcida das atividades tecnocientíficas leva ao modelo de difusão, no qual poucos fazem para muitos. Isso ficou, senão provado, bem documentado, que quando muitos "aceitam" a dádiva dos poucos é porque os muitos participaram e não estão tão assim "de fora" como o modelo de difusão quer que pareçam estar. Até aí, tudo bem.

Mas aí vem Latour com uma série de números. Se fossem apenas ilustração, sem problemas. Mas não, o autor os usa para provar que é impossível atribuir a poucos cientistas os equipamentos e teorias que são compartilhados por muitos. E por que isso? Porque os poucos são "muito poucos". Parece que falta algo ao argumento. Pois, se são muito poucos os cientistas para que se lhes impute o poder de criar teorias que todos aceitam, quanto seria o número aceitável? Latour não sabe. Frases como "Dois milhões e meio de cientistas e engenheiros não conseguem fazer 700 milhões de pessoas acreditarem em todos os fatos da tecnociência e aceitá-los" (p. 270) ou "O número de grandes nomes da ciência agraciados pelo prestígio, simplesmente é pequeno demais para explicar os gigantescos efeitos que lhes são imputados" (p. 272) parecem pouco convincentes. No capítulo seguinte, Latour mostrará que o grosso da humanidade está fora da rede de cientistas e engenheiros e que são por eles acusados de irracionais. Ora, se o grosso da humanidade é irracional (mais uma consequência do modelo de difusão), então não é verdade que poucos tenham poder sobre muitos. Eles têm poder sobre os poucos que contam, o que é outra coisa. Os muitos são deixados de fora e, na maior parte das atividades que constituem suas vidas, deixam os engenheiros e cientistas de fora também. Aí parece que existe mais uma contradição.

Uma observação:
À página 313, o autor fala da controvérsia entre Descartes e Newton, com o primeiro afirmando que ação a distância é equivalente a bruxaria. Talvez, Latour seja um cartesiano. Estamos vendo, quando olhamos para o pequeno número de cientistas e de engenheiros que controla uma grande sociedade, algum tipo de força, de ação a distância, que Latour quer descartar. Não existem para o autor centros de saber que difundem conhecimento, o que seria um paralelo social da força da gravidade. Tem de existir outra coisa. Essa outra coisa virá mais adiante, quando Latour falar em "redes".
Quando Latour abandona os números, volta para suas regras metodológicas e, então para os eixos.

Uma vez que fica mostrado pelos números que o grosso do orçamento de pesquisa e desenvolvimento no Primeiro Mundo é destinado a pesquisa militar, ficamos sabendo que os cientistas que alistam são na verdade empregados alistados pelo aparato militar, ainda que muito indiretamente.
A atividade de alistamento (mecanismo primário) permanece invisível, mas a atribuição de responsabilidade (mecanismo secundário, e talvez mais tardio) é mais visível e é esse mecanismo que gera a "ciência e tecnologia" e, com ela, seus protagonistas, os poucos que moveram os muitos.

A dupla face de Jano aparece novamente, com duas falas:

FACE ESQUERDA (CIÊNCIA ACABADA): A ciência e tecnologia é causa da execução de projetos.

FACE DIREITA (CIÊNCIA EM AÇÃO): Executados os projetos, ciência e tecnologia aparecem como força propulsora por trás deles.

Latour aqui dá sua definição de TECNOCIÊNCIA: são todos os elementos amarrados ao conteúdo científico, por mais sujos, insólitos ou estranhos que pareçam e CIÊNCIA E TECNOLOGIA é o que sobra da tecnociência depois que foram resolvidos todos os julgamentos de responsabilidade. Ou seja, primeiro, tudo é tecnociência. Quando a história é recontada, deixamos de lado tudo o que nas redes foi alistado e que não conta para atribuição de prestígio. O que sobra é ciência e tecnologia e é nessa esfera que acontecem as atribuições.

Latour chama a atenção para o perigo de, não julgando a ciência como algo feito pelos cientistas, então estaremos julgando-a como algo feito por militares, banqueiros etc.? Ou seja, abrimos o flanco para os "estudos sociais da ciência". Não, já que desconfiamos simetricamente de todas as atribuições. Seguimos a

QUINTA REGRA METODOLÓGICA: seremos tão indefinidos quanto os atores que seguimos quanto a de que é feita a tecnociência.

PARTE 3: DAS PEQUENAS ÀS GRANDES REDES
Capítulo 5: Tribunais da razão
Parte A: Os julgamentos de racionalidade

Só uma observação antes de começar esta parte: às vezes é difícil entender a posição relativista. A simetria que Latour propõe (não que eu ache que seus argumentos, nesse ponto, sejam lá muito cogentes) é difícil de pegar. E não só pelos alunos.

Saiu no Jornal de Resenhas da FSP um texto sobre "Ciência em Ação". O interessante do texto de Renan Freitas é que ele não gosta do Latour com base em que este teria perdido o ponto essencial da atividade científica. Ao dedicar muito tempo a discutir como os cientistas selam controvérsias (para Latour, aumentando o valor da aposta, ou seja, tornando a vida do discordante cada vez mais difícil e cara), Latour teria, para Freitas, se esquecido de dizer o que as pessoas aprendem das controvérsias, que seria o assunto realmente importante, o motor da evolução da ciência. Só que o resenhista perde de vista que Latour não pode, por princípio, separar a atividade do cientista e da sociedade da qual faz parte da controvérsia em questão. Dizer que é importante estudar o que as pessoas aprendem de um controvérsia é separar cientistas de um lado e controvérsia do outro ou, mais grave ainda, é separar a comunidade que debate da natureza, que é o assunto em pauta. Só que isso não pode ser separado e, ainda assim, ser mantida uma equidistância relativista. A sociedade em que a controvérsia deixa de existir é outra, diferente daquela em que a controvérsia existia. Não se "aprende com ela", porque não existe "ela", de um lado, e "quem aprende", do outro. Existe uma sucessão de situações e de comunidades e só podemos ver isso se estudarmos esses pontos nodais que são as controvérsias. Elas são raras, diz ainda o resenhista. É verdade. O grosso da ciência é o que Kuhn chamaria de "normal". Nem por isso devemos ver a ciência normal (que é a ciência fora da controvérsia mais aguda) como o assunto determinante em estudos sobre o fazer científico. Só para completar, a resenha é aberta com a afirmação de que Latour está na mesma linha de Feyerabend, para quem a ciência deve se guiar (sic) pelo princípio do "vale tudo". (Como um relativista poderia dizer o que deve e o que não deve?) Mas isso não é verdade. Feyerabend provoca e afirma que, ao estudar a história da ciência, mesmo pegando casos sem controvérsia quanto à relevância do autor (ele dedica seu "Contra o Método" a Galileu), constatamos que não parecem existir regras estritas, a-históricas, usadas por todos. Parece que tudo vale. Mas só parece. Para Feyerabend, como para Latour, a ciência, e isso é o mais surpreendente, dá certo. É claro que não vale tudo. Mas não sabemos dizer o que vale. O que nos causa tanta perplexidade é ver que algo vale, algo que desconhecemos. Existe uma razão prática cujos princípios nos escapam e o estudo da atividade científica nos deixa, infelizmente, com pouco nas mãos. Saímos do estudo da ciência com duas convicções: "parece não haver nenhuma regra geral" e "a coisa funciona". Só que a precariedade dessa constatação é muito sofisticada. Para a média, se regras são postas em xeque, outras têm de ser postas em seu lugar. Se algo funciona de forma regular, deve haver regras simples que todos usam. Não pode haver atividade sem regras. E assim por diante. Freitas, como a maioria dos críticos do relativismo, simplesmente não entende o argumento. O argumento antirrelativista seria (1) moral: o relativismo não instaura, só destrói; (2) interno: mesmo nada instaurando, o relativista partilha, no mínimo, de um interesse comum no tema, o que já indica uma filiação (Feyerabend resolveu discutir física e não fabricação de conhaque, por quê?). Mas essas duas linhas de ataque, boas ou ruins que sejam, implicam que o debatedor entenda o assunto em pauta. Mas isso raramente é o caso. Freitas, como tantos outros críticos de Kuhn ou Feyerabend ou Latour, vê as coisas estanques: existe o mundo de um lado e seus estudiosos, de outro. O positivista vê a relação assim e o relativista, assado. Fechadas as posições, os (maus) críticos começam. Só que o relativista não aceita a tal separação clara inicial.

Latour examina agora a questão de que a maioria das pessoas está fora da rede tecnocientífica e, portanto, fora desses tipos de mecanismos de convencimento e de translações complicadas. Mesmo assim, viram-se. Como, "se não há cientistas e engenheiros por perto?". Dirá um cientista: usando regras práticas, baseando-se em crenças em lugar de se basear em conhecimento. O interessante, ressalta Latour, é que o grosso da humanidade faz isso. Não seria portanto um pouco arrogante dizer que todos são irracionais e os poucos tecnocientistas, racionais?

Mas, aí, entra tradicionalmente a sociologia, aquela sociologia que sempre é chamada para executar o serviço inferior da filosofia da ciência. Quando tudo corre bem, regras estão sendo aplicadas, um método claro e distinto está sendo seguido. Quando as coisas correm menos bem, é preciso chamar o sociólogo ou antropólogo ou politicólogo ou historiador ou economista para que expliquem o desvio com relação à linha reta da racionalidade.

O quadro tradicional é portanto, dizer que existe uma linha reta da razão e uma linha que se desvia desta, que precisa, portanto, ser explicada. Tais explicações aludem a, por exemplo: preconceitos, diferenças culturais, diferenças sexuais, diferenças raciais, burrice, outras explicações sociológicas ou psicológicas etc. Esses fatores aparecem só quando cientistas tentam dar conta de por que existem tantos não-cientistas.

Às vezes ouve-se o comentário: "se eles tivessem mais educação, chegariam lá". Mas isso não viola um princípio de simetria?

O interessante é que, dado o modelo de difusão, é evidente que o grosso da humanidade está embarcada nessa linha torta. Não seria, portanto, para ser simétrico, que a linha reta merecesse explicação? Não, diria um enfoque mais tradicional. A linha reta se autoexplica. Mas um relativista simétrico exigirá, da mesma forma, explicações para as linhas reta e desviante. "Quais as condições sociais para que essa linha reta seja traçada?" Tal pergunta não teria cabimento dentro de um enfoque tradicional, mas, aqui, a simetria a exige. Além do mais, dado que se trata de uma linha que é seguida (se é que) por uma minoria, é o comportamento minoritário que precisa ser explicado, muito mais que o majoritário.

Em seguida, Latour apresenta três "julgamentos de racionalidade", envolvendo as críticas de Evans Pritchard aos azande, as dificuldades do sistema de cultivo e posse de terras nas ilhas Trobriand e o caso de Elisha Gray, que não acreditava no telefone e investiu tudo no telégrafo. Seriam os azande irracionais? Seriam os trobriandeses ilógicos? Foi Gray um maluco, por não enxergar as potencialidades do telefone? Não, não e não. Pritchard não percebeu que os mesmos critérios que os azande usam para definir bruxos quentes e frios são usados nas sociedades ocidentais para definir a aceitabilidade do assassinato (que é e não é crime, dependendo da ocasião). Os trobriandeses têm uma linguagem difícil que, se não for compreendida, os faz parecer, à primeira vista, ilógicos. Gray não viu as potencialidades do telefone mas, assim que as viu, tornou a coisa rentável e construiu um império, diferentemente de Bell, que mal soube aproveitar sua invenção. Gray preferiu apostar no telégrafo, que era uma tecnologia segura, e não no telefone, inventado por um homem cuja profissão era tratar de surdos. Pode parecer ter sido uma má ideia, de a história não for bem contada, isto é, contando-se as razões dele e o desenvolvimento posterior da coisa. Levando isso em consideração, desaparece qualquer imputação de irracionalidade. Ou seja, imputações de irracionalidade são muito mais raras do que se costuma afirmar e só aparecem quando os fatos não são examinados a uma distância maior e com mais flexibilidade.

Com isso, Latour chega a uma *sócio-lógica*. A lógica (ou a afirmação que uma alegação é "lógica") depende de em quantos pontos ela está bem amarrada.

Mas é preciso ter cuidado, pois

"...Na perspectiva simétrica o que se ignora de todo é exatamente a existência da rede científica, de seus recursos, de sua capacidade de, às vezes, fazer propender para um dos lados o equilíbrio de forças" (p. 320)

Ou seja, não é porque um bom advogado livra seu cliente que podemos ficar tranquilos de que não houve crime. O relativismo não pode perder de vista que, mesmo ganhando os julgamentos de racionalidade, resta a questão de que um dos lados, de facto, detém o que se chama de racionalidade. E isso deve ser explicado. É nesse ponto que se deve examinar a sócio-lógica.

Latour coloca, a essa altura, seu quinto princípio: os fatos duros são exceção; e sua sexta regra: diante de uma acusação de irracionalidade, deve-se deixar de lado a perspectiva que procura logo de saída que regra teria sido infringida. (pp. 343, 348)

Latour parece terminar em uma espécie de indutivismo ingênuo.

Quando conta a história de Lapérouse, Latour implica que os racionais o são porque têm condições de reunir mais dados e de vê-los em conjunto. A expedição desse francês chega às ilhas Sacalinas e lá fica só um pouco. Sai de lá, dados os instrumentos que carrega, mais informado das costas e baixios do que os chineses que lá moram há séculos jamais puderam estar. Essas informações são transformadas em unidades móveis, estáveis e combináveis (mapas, tabelas, gráficos, enfim, em inscrições) e tudo isso é mandado para uma central de cálculo. Lá, diz Latour, os cientistas veem as coisas em conjunto e, daí, vem sua ciência. Existe o que se pode chamar de um "grande divisor" entre racionais e irracionais? Sim, mas não devido à suposta fraqueza mental ou falta de condições de educação dos irracionais, mas simplesmente porque os racionais saem de suas centrais, coletam, voltam, saem de novo, coletam de novo, em espiral. Isso, para Latour, é o que gera ciência.

De um lado, esse raciocínio faz lembrar "A mensuração da realidade", de Alfred Crosby, quando este vê no sucesso ocidental em produzir ciência a criação de técnicas de visualização derivadas da atuária (as tabelas de dupla entrada), da música (a notação para polifonias) e da perspectiva (a cópia fiel da natureza tal como percebida pela retina). As centrais de cálculo latourianas produzem e processam informação porque veem melhor os dados, porque desenvolveram técnicas de visão de conjunto. De qualquer forma, é preciso ver que essas técnicas:

1. determinam em parte que objetos podem ser coletados e processados
2. essa determinação precede a coleta

Ou seja, permanece a questão de que Lapérouse não foi lá e recolheu qualquer coisa. Recolheu o que lhe interessava. E esse interesse era uma tomada de posição prévia, decidida ANTES do contato com os objetos. É claro que isso pode mudar e se adaptar. Mas, em todo caso, decisões têm de ser tomadas ANTES dos fatos aparecerem (se é, também, PARA os fatos aparecerem é outra questão).

Quando Latour examina as controvérsias e tenta pôr em um quadro abrangente o contexto em que nascem e são resolvidas, fica sempre a sensação de que as decisões acontecem a reboque dos fatos. Fulano vê algo diferente e deve tomar uma decisão. A face esquerda de Jano dirá que a decisão foi tomada porque era racional. A face direita, da ciência em ação, dirá que a decisão é racional porque foi tomada. No momento, não existe muito como decidir e os cientistas, apesar disso, se viram. Mas não é bem "no momento". Muito das decisões se dá ANTES do momento. E essas decisões são pautadas em teorias, em palpites, se se preferir mas, de qualquer forma, não respondem a fatos, mas a prefigurações de resultados possíveis. E isso tem de ser explicado e não pode sê-lo dentro desse indutivismo ultraingênuo de Latour. Os cientistas adaptam suas teorias, sim. Respondem aos fatos, sim. Mas não derivam suas teorias totalmente dos fatos.

Dizer, como Latour faz, que a divisão se dá tão-somente pelo acúmulo de fatos é muito inadequado. E, se pensarmos que isso vem no final de um livro que começa tentando desmontar uma visão tradicional da ciência como modelo de racionalidade, tanto mais decepcionante a coisa fica. Saímos de um positivismo elaborado para cairmos em um indutivismo aparentemente muito ingênuo.

A partir desse ponto, Latour fica algo esotérico:
1. os zoólogos veem coisas novas, pois essa é a primeira vez que tantas criaturas são postas diante dos olhos de alguém (p. 365)

2. devemos nos preocupar não com diferenças cognitivas, mas com essa mobilização geral do mundo que dota alguns cientistas de casaca de Kew Gardens com a capacidade de dominar visualmente todas as plantas da Terra (p. 365/6)

3. ... Brahe é o primeiro que, num relance, considera o céu de verão, mais as observações de seus colaboradores, mais ... (p. 368)

Vale aqui nesta passagem uma incrível primazia da visão que nem o mais ingênuo indutivista aceitaria. As teorias vêm de "relances", de pôr bichos diante de zoólogos ou plantas diante de botânicos. Faça-se isso com espécimes ou com inscrições e pronto: eis teoria.

A ideia subjacente parece ser a de que todos temos uma faculdade misteriosa que funciona toda vez que colocamos um grande número de qualquer coisa diante de nós. O problema que Latour não aborda é que um grande número de alguma coisa depende de julgarmos o que seja essa alguma coisa. Homens diferem em tudo (altura, cor, peso, inteligência etc.). Assim, o que é pôr muitos homens diante de alguém? É decidir ANTES o que eles sejam. Sem essa decisão, são muitos, mas não da mesma coisa. De novo a questão das decisões prévias, que Latour não resolve (e, até aí, tudo bem), mas sequer reconhece (e, aí, tudo muito mal).

Parte B
Centrais de Cálculo

Talvez seja possível "salvar" Latour da impressão de indutivismo ingênuo.
Suponha o antropólogo da ciência perdido em uma grande cidade. Ele entra em qualquer loja, em qualquer ônibus, fala com qualquer um, não importa. Se seu propósito for encontrar pessoas que se envolvem em controvérsias por profissão e as levam a um nível elevadíssimo, em breve chegará à tecnociência. Passará, certamente, pelo direito. Mas descobrirá que existe um grupo para quem as controvérsias que acontecem nas cortes são brincadeira. Pessoas que, para resolver controvérsias, constroem instrumentos caríssimos, citam bibliografias incompreensíveis e extensas, constroem redes amplas e heterogêneas. Terá, então, chegado aos tecnocientistas. Ou seja, não importa onde se comece e que

suposição se faça, se o fio condutor da pesquisa for "buscar a mais alta concentração de controvérsia", o resultado será ciência e tecnologia.

Chegando a esse grupo, o antropólogo começa a examiná-lo. Descobre, então, que se trata de um grupo muito heterogêneo. Existem pessoas presas diretamente às bancadas. Existem outras cujo trabalho influencia diretamente as primeiras, mas que quase nunca entram no laboratório. Existem todos os graus intermediários e, ainda, essa rede vai se tornando mais diáfana à medida que nos distanciamos dos centros de controvérsia.

Examinando esses centros, vemos que o trabalho é sempre de coleta de inscrições e que mesmo os que trabalham em ciências ditas formalizadas não trabalham com "o lá fora", mas com inscrições que se adaptam à linguagem da teoria. E por que se adaptam? Porque, responde o autor, as teorias nascem sempre da coleta de dados. Mas isso não é indutivismo ingênuo? Depois de desmontar a ideologia da ciência (que defende justamente esse indutivismo) e parecer tender a um enfoque mais relativista, não estaria Latour nos decepcionando? Talvez. Mas, talvez, haja outra explicação.

Citando o autor:

... todos os domínios ingressam no "seguro caminho da ciência" quando seus porta-vozes têm tanto aliados a seu lado". (p. 378)

Essa frase talvez salve Latour do indutivismo ingênuo. Ele seria, podemos dizer, um "indutivista histórico". Assim como qualquer ponto de partida, desde que o fio condutor da pesquisa seja a densidade de controvérsias, nos leva à tecnociência, qualquer domínio, se iniciar um processo de coleta, sistematização, produção de inscrições e produção de inscrições de enésima ordem, será também ciência. E não importa o quê. A fisiognomia, por exemplo, era ciência. Ok, não é mais. Mas isso dizemos nós hoje. Cerca de um século e meio atrás, não teríamos como fazer esse julgamento, pois a coisa era, efetivamente, ciência: recolhiam-se amostras, inscrições eram produzidas, tais inscrições eram tabeladas, depois, eram sintetizadas em novas inscrições etc. etc. etc.

Ou seja, qualquer campo que se tome *é ciência* desde que haja coleta e "corrida probatória". Afinal, não pode haver tal corrida sem dados. Portanto, coleta é essencial.

Agora, poderíamos dizer, essa coleta é orientada por um ponto de vista prévio. De acordo.

Mas podemos dizer, igualmente, que esse ponto de vista prévio é resultado de mais coleta. Há aí uma regressão irresolvível. Podemos, agora, resolvê-la de duas maneiras:

(1) postulando uma capacidade especial de teorizar a partir do nada e
(2) imaginando que as teorias de hoje são resultado de coleta e servem de guia às teorias de amanhã.

A questão seguinte que se coloca é de como as teorias surgem dos dados. Latour responde que os cientistas têm, nos centros de cálculo, condições de ver "num relance" muitos dados. Logo, desde que se desenvolvam técnicas de visualização, as teorias (que podem ser entendidas como regras de comparação muito abrangentes) aparecem.

E como se desenvolvem as técnicas de visualização de inscrições? De modestas coleções de fatos. Se ninguém questionar essa coleção, ela fica como está. Se for questionada, deverá responder. Só poderá fazê-lo com mais dados. Mas mais dados afogam o coletor de dados. Logo, ele deve desenvolver técnicas de visualização que lhe permitam manusear esses novos dados. E de onde ele tira essas técnicas? Dos dados? Não. Elas são caixas pretas, modos de ver (ou inscrever, ou visualizar) que, no passado foram controvertidos e, agora, são apenas contexto. O cientista não precisa reinventar as tabelas de dupla entrada, ou a análise de dispersão, pois isso é contexto. E quando não era? Então, era o caso de se terem muitos dados e se notar, por exemplo, que médias não refletiam corretamente a situação reais com muitos indivíduos desiguais. Vendo o problema, criou-se uma controvérsia: "seus dados não valem nada"; "valem sim, pois têm baixa dispersão"; baixa o quê?"; "dispersão, que defino como...". E assim por diante. Levando em conta um senso comum bem aceitável, que nos diz que criamos soluções a partir de problemas, é fato que os problemas são sempre controvérsias que versam sobre dados.

Mas e a física teórica e a matemática? Versam sobre dados também, mas são inscrições de enésima ordem, tão amplamente aplicáveis (porque justamente tão distantes do conteúdo do problema que lhes deu origem) que parecem vindas de outro mundo. Mas não são. São deste.

Se isso vale, resolve-se outra questão intrigante: "por que a matemática dá tão certo na natureza?". Resposta: devido a sua história. E dá mesmo certo na natureza? Provavelmente, não. Dá certo em uma natureza codificada. Dá certo quando pessoas, árvores, votos viraram tabelas e gráficos. Então, o estrato matemático deita-se sobre o estrato (igualmente matemático) dos gráficos. Fora, no mundo, a coisa não funciona. E quando não funciona é que surgem os julgamentos de racionalidade.

Por isso, Latour fala em usar o termo "abstração" só como substantivo, mas nunca usar o adjetivo "abstrato", pois não existem teorias abstratas. O que existe é inscrições de enésima ordem. (p. 393)

Como não há limite para a cascata de reescritura e re-representação, podem-se obter formas de enésima ordem que se combinam com formas de enésima ordem provenientes de regiões completamente diferentes. São esses novos nexos inesperados que explicam por que as formas importam tanto e por que os observadores da ciência vibram tanto com elas. (p. 396)

As formas são explicadas com quatro características e Latour se propõe a ficar com o "grão de verdade" que existe em cada uma:

transcendentalismo	conferem um suplemento inesperado e portanto parecem ter vindo de outro mundo
empirismo	são resultado de trabalho concreto de depuração, estando então relacionadas com coisas práticas
determinismo social	são ainda mais sociais que a sociedade pois concentram muitas associações
convencionalismo	estabelecem conexões entre muito mais elementos, o que levaria as pessoas a supor que elas sejam mais reais (ou, talvez, menos convencionais) que outros tipos de ferramentas

Ou seja, todas essas características expressam algo de o que são teorias científicas, mas todas podem ser explicadas a partir do trabalho de coleta, inscrição e representações de n ordens.

A esta altura, Latour aponta a carência de um estudo antropológico do formalismo e atribui a isso a alternativa fácil de considerar o formalismo resultado de capacidades cognitivas superiores. Então, propõe sua

SÉTIMA REGRA METODOLÓGICA:
uma moratória para explicações cognitivas para a ciência e a tecnologia.

Essa regra é diferente das anteriores, pois deixa aberta a possibilidade de que todo o estudo mostrado em "Ciência em Ação" esteja errado. Trata-se de um desafio e de um programa.

Latour dá também exemplos em que esse "lá fora" é só aparente. Alan Shepard repetiu seu voo dezenas de vezes em terra antes de subir. É por isso que tudo deu certo lá fora, no espaço. É que o lá fora havia sido trazido para o laboratório e as técnicas foram adaptadas a esse "lá fora" trazido. Feito isso, é claro que as coisas devem dar certo. E, quando dão errado, dão errado em detalhe.

[Nesse ponto, talvez valesse uma digressão sobre o caso da Challenger, exposto em "The Golem at Large". A nave caiu, mas não porque tivesse havido negligência ou porque o "lá fora" era desconhecido. Caiu porque houve, de fato, um acidente imprevisível. As especificações da nave estavam corretas e a temperatura do dia do lançamento estava dentro de limites aceitáveis para a resistência do anel que acabou se rompendo e deixando vazar combustível. Nesse exemplo, como em tantos outros, o "lá fora" foi inteiramente codificado, o que não quer dizer que não possa haver acidentes.]

Outro exemplo de "lá fora" que não é tão fora assim é dado por um experimento levado a cabo por Pasteur em uma fazenda. Pasteur afirma que, depois de alguns dias de administrada uma vacina, o grupo de animais vacinado resistirá e o grupo não vacinado morrerá. Mas ele sabe que isso não vai funcionar em uma fazenda suja, na qual muitos outros fatores estragariam os resultados. O que faz? Transforma a fazenda em um laboratório, mandando para lá assistentes, antes do experimento "no campo", para alterar tudo o que pudesse atrapalhar os dados, mas tomando cuidado de manter as aparências, a fim de que o experimento fosse convincente.

Disso, conclui Latour que as teorias são frágeis e que, apesar disso, cobrem o mundo. Mas como cupins, que vivem em cupinzeiros muito extensos: não importa a extensão, desde que o cupim trafegue dentro de uma galeria. A ciência alcança tudo nesta sociedade, mas isso apenas porque as galerias avançam por todos os lados. A sociedade em que essa ciência atua já não é "lá fora". Quando isso (a ciência fora da rede, o cupim fora da galeria que construiu) acontece, tudo falha. .

Vem então uma excelente analogia. De que serve um mapa se estamos em um descampado? Não podemos, por melhor que seja o mapa, confrontá-lo com a natureza "lá fora". Confrontamos o mapa com um mundo devidamente sinalizado (placas, marcos, faróis etc.). Confrontado com a natureza (da qual, supostamente, fala) o mapa é inútil.

Alguns temas para monografias:

(1) O que é a filosofia da ciência para Latour?

(2) Latour descreve ou tece uma teoria sobre a ciência?

(3) A teoria (se for) de Latour é empírica? O que, então, a refutaria?

(4) Qual o estatuto dos exemplos em "Ciência em Ação"? Eles são essenciais para a compreensão do ponto ou o livro poderia se resumir às listas de regras e de princípios.

(5) Até que ponto Latour pode seguir os cientistas, sem pré-juízos, sendo, ele mesmo, cientista?